AF254096

UNE PAGE

DE

L'HISTOIRE DU DEUX-DÉCEMBRE 1851

LE

Coup d'Etat dans l'Ain

PAR

Hippolyte DRUARD

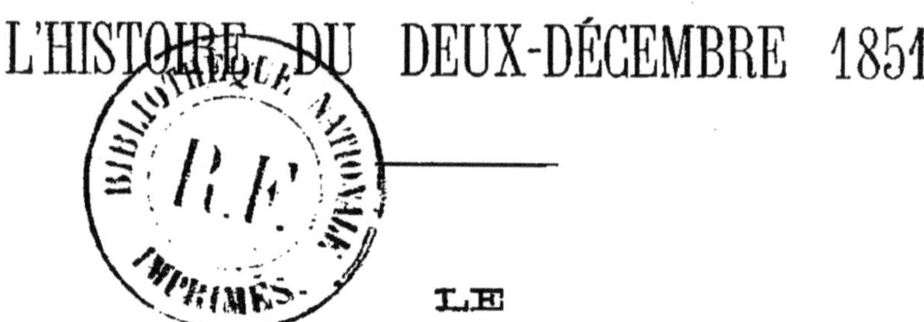

BOURG

IMPRIMERIE DU « RÉVEIL DE L'AIN »

1, Place Électorale 1

1885

Lb 55 3079

INTRODUCTION

En dépouillant des papiers de famille, j'aperçus une liasse sur le dos de laquelle je vis ces mots, écrits de la main de mon père :

DÉCEMBRE 1851
FÉLIX DRUARD CONTRE LE MINISTÈRE PUBLIC
(COMMISSION MILITAIRE).

Une foule de tristes souvenirs assaillirent mon esprit. Je lus avec avidité ces lettres, ces pièces de procédure se rattachant à l'un des plus épouvantables forfaits de l'histoire ; aujourd'hui, je les livre à la publicité, heureux si je puis ainsi contribuer à attiser dans les cœurs la haine de l'empire et de la dictature, car, haïr l'empire et la dictature, c'est haïr le crime engendrant « l'invasion, la ruine et le démembrement de la Patrie ».

UNE PAGE

DE

L'Histoire du Deux - Décembre 1851

LE COUP D'ÉTAT DANS L'AIN

Le Coup d'Etat du Deux-Décembre devait cruellement éprouver la population du département de l'Ain, si républicaine, si passionnée pour la liberté.

Ce n'était pas assez de l'assassinat des femmes, des enfants, des vieillards sur les boulevards et dans les rues de Paris, de la suppression de la représentation nationale, de la dispersion, de l'incarcération des mandataires du peuple, il fallait encore, pour que le silence de la dictature s'établît, que la persécution s'étendît sur la province et vint répandre le deuil dans les familles de tous les citoyens qui avaient le courage de ne pas se prosterner devant le crime et de protester contre la violation de la loi.

Sous l'impression de la terreur produite par le Coup d'Etat, beaucoup de serviteurs de la République franchirent, sans difficulté, la frontière ; d'autres furent moins heureux ; leur fuite, à travers les Alpes et le Jura, fut arrêtée par toutes sortes d'obstacles. Parmi ces derniers fut M. Charles

Boysset, alors, comme aujourd'hui encore, représentant de
Saône-et-Loire.

Avant de prendre le chemin de l'exil, M. Boysset avait
voulu, comme d'autres courageux représentants, tenter un
dernier effort en faveur du droit outragé. Il avait essayé de
soulever les départements contre l'usurpateur, et avait tâché,
avec le concours de quelques centaines de citoyens, les plus
dévoués à la République, d'organiser la résistance, mais sa
louable tentative fut infructueuse.

Se voyant traqué, il prit la résolution de se réfugier en
Suisse, à travers les montagnes du Haut-Bugey. C'est ainsi
qu'il arriva dans l'Ain, à Oyonnax, voulant de cette ville
gagner Genève.

Boysset était fils d'un honorable commerçant de Chalon-
sur-Saône ; mon père, qui longtemps avait habité Chalon,
l'avait connu enfant ; ce fut avec un véritable bonheur qu'il
donna asile à son compatriote.

Il pensait bien que son acte généreux pourrait avoir de
fâcheuses conséquences ; mais il n'hésita pas, un seul instant,
à faire ce que tout homme d'honneur eût fait à sa place ; il
offrit, au représentant fugitif la plus cordiale hospitalité, et se
mit à sa disposition absolue pour lui faciliter le moyen de
terminer, sans encombre, son voyage.

Le lendemain de son arrivée à Oyonnax, M. Boysset pria
mon père de lui donner pour guide un homme sûr, connais-
sant parfaitement les chemins et les défilés de la montagne.

La contrée qu'il fallait traverser est entrecoupée de rochers
abrupts, de gorges profondes ; les montagnes y sont couron-
nées de forêts de sapins. En 1851, dans ce pays où les
communications étaient difficiles, la contrebande se faisait
sur une vaste échelle. De nombreux postes de douaniers

étaient échelonnés en avant de la frontière et exerçaient une surveillance très active. Il était malaisé d'échapper à l'œil vigilant de la douane, et le guide auquel pouvait être confiée la mission délicate d'accompagner M. Boysset n'était par facile à trouver.

Mon père demanda conseil à M. Fleury, receveur de l'enregistrement à Oyonnax, qui était allié à ma famille.

M. Fleury lui recommanda le sieur Pilliard, président d'une Société de secours mutuels, dans une commune du canton d'Oyonnax, et qui lui inspirait toute confiance.

Le 14 décembre 1851, à 3 heures du matin, M. Boysset, sous un déguisement de circonstance, quitta Oyonnax, en compagnie de Pilliard.

Les deux voyageurs arrivèrent bientôt à Echallon, où ils dînèrent. Ils partirent d'Echallon à midi, au moment de la sortie des offices, pour moins éveiller l'attention des douaniers, M. Boysset désirait aller directement d'Echallon à Champfromier, puis à Chézery. C'était, du reste, l'itinéraire fixé à l'avance. Le guide voulut passer par Belleydoux. Avait-il une arrière-pensée de trahison? Je n'en sais rien. Dans tous les cas, sa conduite n'a pas paru franche.

Pilliard avait, à Belleydoux, un neveu, le sieur Perrin, maire de la localité, lequel joue un rôle odieux dans cette lamentable histoire.

Pilliard, avant de partir d'Echallon, s'adjoignit un autre guide. Les voyageurs arrivèrent, vers deux heures du soir, à Belleydoux, sans être inquiétés. Ils entrèrent dans un cabaret où se trouvaient sept ou huit douaniers. Ils payèrent d'audace et s'attablèrent à côté d'eux. Bientôt une conversation générale s'engagea et tous trinquèrent comme de bons amis. Ils sortirent bientôt de ce cabaret pour aller dans un autre.

Il faut avouer que s'ils avaient voulu être découverts et livrés, ils n'auraient pas agi autrement. M. Boysset insista pour poursuivre son chemin. C'est alors que Pilliard lui dit qu'il avait un neveu, maire de la commune, et qu'il désirait aller le voir. Il invita M. Boysset à l'accompagner chez son parent. M. Boysset lui témoigna de nouveau le désir de partir. Aucune objection ne l'arrêta, et il entraîna son compagnon de route à la recherche du maire ; ils finirent par le rencontrer dans un cabaret, attablé avec quelques habitants de Belleydoux. Perrin fit asseoir les nouveaux venus à côté de lui.

Après quelques minutes, Pilliard se leva et indiqua mystérieusement à son neveu qu'il avait besoin de lui parler. Tous deux sortirent. Que s'est-il passé dans cet entretien secret ?... Pilliard, dans une lettre qu'il écrivit à mon père, le 18 décembre 1851, prétend qu'il pria le maire d'accompagner M. Boysset jusqu'aux limites du village pour détourner l'attention et que son neveu lui promit d'aller avec eux jusqu'au Chapujoux.

Quoi qu'il en soit, après quelques instants d'entretien, le maire revint seul ; il se plaça à côté de M. Boysset, se pencha à son oreille et lui mettant affectueusement la main sur le bras : « Je sais tout, lui dit-il tout bas, ne craignez rien, *je suis un ami*, vous devez être aussi tranquille que chez vous. » M. Boysset le regarda sans lui répondre, surpris surtout que Pilliard eut fait si bon marché de son secret. Pilliard rentra alors. M. Boysset se leva et sortit accompagné de son guide.

Mais à peine avait-il fait quelques pas dans la rue que le maire, changeant brusquement de ton et de visage, s'élança à sa poursuite : — Vos papiers, crie-t-il, vos papiers ! — Je n'en ai point. — Alors, vous êtes mon prisonnier, je vous arrête. A moi, les bons citoyens ! Vive la République ! — Et le maire mit la main au collet de l'infortuné fugitif. Cette scène eut lieu en face de la caserne de la douane.

Le guide surpris, ou paraissant surpris de ce qui se passait, saisit le maire pour le forcer à lâcher son prisonnier, et engagea ce dernier à fuir. Mais Perrin cria au secours ! Alors, grande rumeur, chacun se précipite. Pilliard lâcha le maire et s'élança sur les traces du malheureux qui fuyait. Il l'atteignit à la hauteur du cimetière de Belleydoux, se jeta à ses genoux et lui demanda grâce. Ce fut alors que les douaniers arrivèrent suivis de nombreux paysans. M. Boysset fut conduit à la maison commune. Là, on le fouilla, on l'interrogea. Il essaya, assez faiblement du reste, de contester son identité. Mais on lui répondit :

« Vous ne nous tromperez pas, nous vous connaissons, vous
« êtes le représentant Boysset. Vous avez fait à l'Assemblée
« nationale des discours incendiaires. Vous voulez le sang et
« le désordre, le partage des biens, le pillage et la ruine ;
« nous ne vous laisserons pas, allez ! on vous bridera, on
« vous mettra à l'ombre ; voilà ce que c'est que de vouloir le
« bouleversement, le carnage, etc., etc. »

On ne peut que résumer imparfaitement ces propos railleurs, ces accusations grotesques; mais ce qu'il est surtout impossible de rendre, ce sont les rires, le jeu des physionomies, les gestes de ces hommes, dont la plupart se ressentaient visiblement des libations du dimanche. M. Boysset se contenta d'abord d'opposer à ce débordement d'invectives le mépris le plus absolu, mais bientôt, n'y pouvant plus tenir :
« Vous êtes tous des lâches, s'écria-t-il, vous voilà trente qui
« me tenez en votre pouvoir, et vous m'insultez tous. C'est
« une lâcheté odieuse ! »

— On ne vous insulte pas, répondit le sous-brigadier de la douane. — « On m'insulte, répliqua M. Boysset, en le « regardant fixement, et vous, le premier. — Eh bien ! je le « répète, quand trente hommes outragent un prisonnier qui « est en leur plein pouvoir, ces hommes sont des lâches ! »

Personne ne dit mot. Seulement, un jeune homme, que M. Boysset ne voulut pas désigner dans l'instruction, pour ne pas le compromettre, car il était fonctionnaire, mais dont je voudrais bien, aujourd'hui, ne pas taire le nom que je regrette d'ignorer, ce jeune homme, sentant sa conscience se révolter, osa dire : « C'est vrai, il a raison, on ne doit pas l'insulter. »

A partir de ce moment, la plupart de ces individus sortirent de la maison commune ; cinq ou six seulemen restèrent.

Il faisait froid et humide dans la salle de la mairie, située au rez-de-chaussée, et ayant son entrée immédiatement sur la rue.

« Avez-vous, demanda M. Boysset à ses gardiens, l'inten- « tion de me faire passer ici la nuit, sur une chaise, et sans « me jeter au moins un matelas dans un coin ? — Bien « entendu, lui répondirent-ils sans hésiter ; nous coucherons, « ainsi que M. le maire, sur des chaises, il vous faudra bien, « tout malade que vous vous dites, en faire autant. — Mais « allumez le poêle, ou nous gèlerons tous. » — Le poêle fut allumé. Il faisait tellement froid, que ces brutes, qui grelot- taient, y avaient aussi intérêt.

M. le maire sortit pour rédiger un procès-verbal qui n'a jamais paru. A 8 heures, M. Boysset demanda où était le maire ; on lui répondit qu'il soupait. Le prisonnier attendit quelque temps encore ; le maire soupait toujours ; enfin, perdant patience, il réclama absolument un dîner et un lit, à ses frais, dans une auberge, avec telles précautions, qu'il paraîtrait au maire de prendre. Une heure s'écoula en embassades, en notes diplomatiques, et, enfin, vers dix heures du soir, M. Boysset fut conduit, sous bonne escorte, dans une auberge où il passa le restant de la nuit, et d'où il sortit, le lendemain, pour être ramené à Oyonnax.

J'ai dit que la conduite de Pilliard qui, à Belleydoux, conduisait M. Boysset de cabarets en cabarets, et qui faisait connaître au maire Perrin, son parent, le but de sa mission, n'avait pas paru franche. Est-ce par bêtise ou par scélératesse que ce guide a agi de cette façon? On se le demande, quand on a sous les yeux la lettre suivante qu'il écrivit à mon père ; cette lettre, que je tiens à transcrire en entier, dans son originalité même, avec ses fautes de français et d'orthographe, semblerait faire croire que Pilliard a été de bonne foi :

« Marchon, le 18 décembre 1851.

« Monsieur,

« Je vous écris pour vous faire connaître ce qui m'est
« arrivé en Belleydoux, au sujet de cet homme que je
« conduisais. Arrivant au village, nous sommes entrés pour
« boire bouteille dans une auberge. Il s'y trouvait six
« doigniers à côté de nous qui buvaient. Ils avaient les yeux
« fixés sur nous. Ayant charge de la sûreté de cet homme, je
« leur ai dit s'ils n'avaient rien vu mon parent, monsieur le
« maire. Ils m'ont dit qu'il buvait dans une autre auberge. Je
« m'y suis transporté pour lui parler comme étant de parent.
« Je lui demandai s'il voulait emmener cet homme chez lui; il
« me le promit et mêmement qu'il le mènerait jusqu'au
« Chapujoux. Je comptais sur sa parole comme parent. Nous

« sommes sortis de l'auberge à la tombée de la nuit. En
« passant devant la caserne, le maire empoigne l'homme
« pour l'arrêter au nom de la loi. Moi, surpris de ce fait,
« j'empoigne le maire au colet. Je le fis lâcher l'homme
« auquel j'ordonne de se sauver. Tandis que je tenais le
« maire, il crie à son secour de toutes ses forces. Le monde
« accourt ; ils me font lâcher ; ils se lancent après l'homme
« qui était en fuite. Je me débarrasse ; je lui cours après ; je
« le ratrape en bas du cimetièr. Là, je me mets à genoux
« pour lui demander grâce ; il m'a répondu qu'il ne le fairait
« pas. Des doigniers sont arrivés sur le moment avec des
« abitant ; ils l'ont conduit à la maison commune, qui se
« trouve jointe à la cure. Je suis aller trouver monsieur le
« curé pensant que je pourai, obtenir quelque chose auprè du
« maire. Il m'a répondu qu'il n'était pas bien ami avec lui.
« C'est là que j'ai vu qu'il n'y avait pas moyen de l'en sortir.
« Je demande justification par devant la personne qu'ils ont
« arrêtée.

« Je vous salue.

« Pilliard. »

« Monsieur, je vous laisse à penser dans quelle position je
« me trouve, ayant eu l'intention de faire pour le mieux. »

On le voit, Pilliard a peut-être agi avec sincérité, mais le
maire s'est montré on ne peut plus perfide. Ce maire espérait
peut-être que, pour le récompenser d'un exploit de cette impor-
tance, le gouvernement lui donnerait la croix de la Légion
d'honneur. Perrin, du reste, et c'est la seule excuse qu'on
puisse invoquer en sa faveur, était absolument inculte ; il
n'avait pas l'ombre de délicatesse : c'est ainsi que, quelque
temps avant les faits que nous racontons, il s'était permis de

décacheter une lettre, datée de Valence, qui était adressée à l'institutrice de Bélignat, Mme Robert, et qui avait été envoyée par inadvertance à Belleydoux ; il avait retenu cette lettre, pendant neuf mois, sans faire la moindre démarche pour la faire parvenir à la personne à laquelle elle était destinée.

La conduite du maire Perrin, vis-à-vis de M. Boysset, a été infâme, mais elle revêt un caractère d'infamie plus grand encore, si c'est possible, à l'égard de mon père.

Escorté de quelques paysans, Perrin accompagna M. Boysset à Oyonnax.

Au moment où un messager vint lui apprendre cette nouvelle, mon père disait aux personnes qui se trouvaient alors près de lui : « Je suis content, Boysset doit être, à l'heure qu'il est, de l'autre côté de la frontière. » Qu'on juge de sa surprise et de son émotion, lorsqu'on lui annonça que son ami venait d'arriver à Oyonnax dans une situation impossible à décrire, pâle, défait, malade, sous la garde d'habitants de Belleydoux qui l'avaient arrêté, et qu'il avait été conduit à la prison de la gendarmerie. Mon père s'y rendit sans retard. M. Boysset lui raconta toutes les infamies auxquelles il avait été en butte et lui dit qu'il allait être dirigé sur la prison de Nantua !

Pendant qu'il parlait, insistant surtout sur les faits personnels au maire, ce dernier ne trouva rien à répondre ; il ne chercha pas à se disculper et baissa la tête, comme pour cacher sa confusion sous les larges bords de son chapeau.

Après avoir quitté M. Boysset, mon père eut le malheur de rencontrer Perrin ; il ne put, à sa vue, contenir son indignation : « Monsieur le maire de Belleydoux, lui dit-il, en l'abordant, vous avez fait un beau chef-d'œuvre, vous allez être la cause, peut-être, qu'un père de quatre enfants va être expatrié et déporté à 4,000 lieues d'ici ; si vous avez du cœur, c'est une action de laquelle vous vous repentirez toute votre vie ; Boysset n'était pas un voleur, mais un fugitif politique ; vous savez bien, qu'en politique, chacun a son tour et que, par conséquent, nous devons être tolérants les uns envers les autres. » — « J'ai fait mon devoir », répondit Perrin. — « Mais il y a manière de faire son devoir, répliqua M. Druard, vous avez eu tort ou de vous entendre avec le guide, qui est votre parent, pour livrer Boysset, ou celui, non moins blâmable, d'abuser de la confidence que vous faisait Pilliard avec la plus entière confiance et sous le sceau du secret ; quoi qu'il en soit, vous vous êtes mal conduit. »

Mon père s'en alla ensuite, sans dire au maire de Belleydoux la moindre injure, ni lui faire la moindre menace.

Perrin, que les paroles de mon père avaient irrité au dernier degré, résolut, sous l'empire de l'impression de colère qu'il ressentit, de faire aussi arrêter celui qui venait de lui adresser ces reproches si mérités. Il forma immédiatement le projet de partir pour Nantua et d'accuser M. Druard auprès du procureur de la République de l'avoir outragé à raison de l'exercice de ses fonctions. Il prétendit que mon père lui avait fait des menaces, en lui portant le poing sous le menton, et qu'il craignait de le voir se venger, en incendiant sa maison ou en la faisant incendier par des hommes payés.

Il n'est pas possible d'inventer une accusation plus absurde et plus malveillante, dirigée qu'elle était contre un homme bon et respecté de tout le monde.

Le procureur de la République de Nantua, le sieur Janson, dont le nom mérite d'être transmis à la postérité, fit semblant de croire Perrin sur parole. Janson lança contre mon père un mandat d'amener. Le gendarme chargé de le porter alla si vite qu'au point de bifurcation des routes de Nantua et d'Oyonnax, à La Cluse, il tomba de cheval, et dans sa chute, se cassa une jambe.

Sur ces entrefaites, mon père amenait dans sa voiture M. Boysset à Nantua, escorté par les gendarmes de la brigade d'Oyonnax. Au moment du départ, ces derniers avaient eu toutes les peines du monde à écarter la foule, qui entourait la voiture et qui, surexcitée, voulait délivrer le prisonnier. Heureusement, par quelques paroles invitant ces braves gens au calme, mon père avait empêché une rébellion de se produire ; il arriva à Nantua, ignorant qu'il était lui-même sous le coup d'une arrestation ; il se rendit aussitôt au parquet pour dire au procureur comment son ami avait été traité par le maire et les habitants de Belleydoux et le recommander, si c'était possible, à sa bienveillance.

Tout magistrat, digne de ce nom, eût blâmé le zèle immodéré de Perrin, la façon scélérate dont il s'était signalé aux faveurs du Pouvoir, mais Janson voulait de l'avancement et il était heureux de saisir l'occasion qui se présentait d'appeler sur son nom l'attention de la bande de faméliques qui venaient d'usurper le gouvernement de la France. Janson devait, en effet, avoir, quelque temps après, cet avancement si convoité. Il fut nommé juge d'instruction à Lyon. C'est dans cette ville qu'il est mort, dans des circonstances que je ne veux pas relater. Mon excellente mère, si elle eût vécu, lorsque cet homme est mort, eût vu, dans cette mort, une juste punition du ciel.

Mon père, en allant, avec la plus entière bonne foi, voir le sieur Janson, se jeta dans la gueule du loup. Pendant l'entretien qu'ils eurent ensemble, le procureur fit le bon apôtre et semblait écouter avec intérêt celui dont il allait faire sa victime ; mon père remarqua que, pendant qu'il lui parlait, Janson avait tiré le cordon de la sonnette et qu'il avait donné un ordre à la porte de son cabinet. Quoi qu'il en soit, après avoir pris congé du procureur, au moment où mon père franchissait le seuil du palais de justice, des gendarmes l'arrêtèrent et le conduisirent dans la prison de la ville, où se trouvait déjà M. Boysset.

Le représentant de Saône-et-Loire fut atterré en apprenant cette incarcération ; il ne pouvait se consoler d'être la cause de l'arrestation de son ami Druard.

Ceci se passait le 15 décembre 1851.

Le 19, mon père adressa la requête suivante aux président et juges composant la Chambre du conseil du tribunal civil de première instance de Nantua, qui étaient : MM. Pourcelot, président ; Dubuisson, juge d'instruction ; Ravier-Dumagny, juge.

« Messieurs,

« Sur une plainte de M. le maire de Belleydoux, j'ai été « arrêté, en exécution d'un mandat d'amener de M. le juge « d'instruction de Nantua, comme coupable d'outrages envers « un fonctionnaire administratif, à raison de l'exercice de ses « fonctions.

« Cette plainte n'est nullement fondée, comme il me sera facile d'en administrer la preuve. — Mais, en la supposant « telle, le fait qui m'est imputé n'entraînerait qu'une peine « purement correctionnelle.

« Or, aux termes de l'article 114 du code d'instruction « criminelle, vous pouvez, messieurs, en pareil cas, sur la « demande du prévenu (à moins qu'il ne soit vagabond ou

« repris de justice) ordonner la mise en liberté provisoire,
« moyennant par lui caution solvable de se représenter à tous
« les actes de la procédure, et pour l'exécution de la procé-
« dure, aussitôt qu'il en sera requis.

« Ma situation de fortune et de famille vous est connue.
« Je n'ai donc besoin d'insister longuement ni sur ma
« solvabilité notoire, ni sur l'intérêt que j'ai moi-même à ne
« point abandonner l'administration de mes propriétés et la
« gestion de mes affaires, par crainte d'une accusation qui,
« en toute hypothèse, ne peut avoir pour moi que des consé-
« quences peu graves.

« Je n'insisterai pas davantage sur la douleur que cause
« à ma femme, enceinte de sept mois et déjà mère de trois
« enfants, une arrestation si brusque et si imprévue.

« Tout cela, messieurs, vous le savez et vous le sentez
« mieux que je ne saurais le décrire.

« J'ose donc espérer que, par toutes ces considérations,
« vous voudrez bien, messieurs, moyennant telle caution qu'il
« vous plaira fixer et de telle nature que ce soit, ordonner ma
« mise en liberté provisoire,le plus promptement possible.

« Veuillez me croire, messieurs, votre très obéissant
« serviteur. »

Le jour même, le tribunal de Nantua se réunit en chambre
du conseil pour statuer sur cette demande.

Afin d'abriter sa responsabilité, il rendit une ordonnance
par laquelle il décida qu'il ne pouvait se prononcer sur
l'affaire qui lui était soumise, avant d'avoir pris l'avis de
l'autorité militaire.

Lorsqu'il eut connaissance de cette décision, mon père fit parvenir aux mêmes magistrats cette autre requête :

« Messieurs,

« J'ai eu l'honneur de vous adresser, à la date du
« 19 dernier, une requête tendant à obtenir, moyennant telle
« caution qu'il vous plairait fixer, ma liberté provisoire.

« Sur cette demande, vous avez rendu, le même jour, une
« ordonnance décidant qu'il était indispensable de consulter
« à cet égard l'autorité militaire et qu'il y avait lieu de
« surseoir jusqu'à ce que son avis vous fût connu.

« Une semaine s'est écoulée.

« Le colonel commandant le département de l'Ain et le
« général de division commandant la 6ᵉ division militaire, se
« sont sans doute prononcés sur votre invitation.

« Je viens donc, messieurs, renouveler, avec des instances
« nouvelles, la demande que jai eu l'honneur de vous
« soumettre et solliciter, par les motifs exposés dans ma
« première requête, une décision définitive qui, je n'en doute
« pas, me sera favorable.

« Veuillez, messieurs, etc. »

Cette nouvelle lettre ne fut suivie d'aucun résultat. Mais mon père ne perdait pas de temps ; il faisait agir les personnes qui pouvaient le servir. Son oncle, M. Jourdan, ses beaux-frères, MM. Siaux et Mollard, négociants, à Lyon, un ami de sa famille, M. Hodieu, ancien notaire, dont le dévouement fut au-dessus de tout éloge, firent démarches sur démarches, sans que la peine qu'ils prirent fut récompensée. M. Siaux écrivit la lettre suivante à M. de Gilardin, procureur général :

« Lyon, le 29 décembre 1851.

« Monsieur le procureur général,

« Félix Druard, mon beau-frère, ancien négociant, proprié-
« taire à Oyonnax (Ain), a été arrêté le 15 décembre dernier,
« et est détenu actuellement à la prison de Nantua sur la
« plainte de M. le Maire de la commune de Belleydoux, qui
« prétend avoir été outragé ou menacé par M. Druard, à
« l'occasion de l'arrestation qu'il venait d'opérer de
« M. Boysset, ancien représentant du peuple.

« M. le procureur de la République près le tribunal de
« Nantua a adressé à votre parquet le dossier de cette affaire,
« et sur la demande qui lui était faite pour que M. Druard fut
« mis provisoirement en liberté sous caution, ce magistrat a
« répondu que c'était auprès de vous qu'il y avait lieu de se
« pourvoir.

« Il ne m'appartient pas, monsieur le procureur général, de
« présenter ici la défense de mon beau-frère. Cela me serait
« facile si, comme il le soutient, et je n'ai nul doute dans son
« extrême sincérité, il n'y a eu de la part de M. Druard ni
« outrages, ni menaces, mais seulement quelques réflexions
« sur les circonstances dans lesquelles avait eu lieu cette
« arrestation et sur les conséquences rigoureuses qu'elle
« pouvait avoir.

« La présente requête n'a d'autre but que d'obtenir de
« vous, monsieur le procureur général, que mon beau-frère
« *soit provisoirement mis en liberté sous caution.* Je viens
« offrir de me porter caution pour la somme que vous croirez
« devoir fixer, et dont j'effectuerai aussitôt le versement.

« C'est au nom de toute une famille lyonnaise que je vous
« fais cette demande, car M. Druard a épousé, comme moi,
« une demoiselle Pansut, fille de M. Pansut, ancien négociant

« à Lyon. Cette famille est avantageusement connue dans
« notre ville, et il vous sera facile de vous en assurer.

« Mais c'est surtout au nom de ma belle-sœur, Mme Druard,
« actuellement enceinte de sept mois, et déjà mère de trois
« enfants en bas-âge, que je vous adresse cette prière.
« L'effroi que lui a causé l'arrestation de son mari pourrait,
« dans son état, avoir les conséquences les plus fâcheuses, si
« la prolongation de la détention lui donnait à penser qu'elle
« est provoquée par un fait de quelque gravité. Déjà,
« M. Pansut père est auprès de sa fille pour la soutenir, la
« consoler et lui faire prévoir un très prochain élargissement
« provisoire.

« M. Druard est propriétaire, dans l'arrondissement de
« Nantua, d'immeubles considérables. Toutefois ses opinions,
« dont il ne fait mystère à personne, sont républicaines ;
« mais ces opinions sont celles d'un homme d'ordre, ami de
« son pays, incapable de rien faire contre le respect dû à la
« loi et à l'autorité.

« L'arrestation de M. Druard n'a même d'autre cause que
« son extrême délicatesse ; il a cru et il croit que l'arrestation
« de M. Boysset, fils d'un de ses meilleurs amis, est due à la
« trahison d'un tiers auquel il s'était confié, et c'est sous
« cette impression qu'il s'est laissé aller à parler, peut-être un
« peu vivement, à M. le maire de Belleydoux, mais sans le
« menacer ni l'outrager.

« Pour toutes ces raisons, j'ose espérer, monsieur le
« procureur général, que vous ferez droit à ma demande et
« que vous donnerez les instructions nécessaires pour que
« M. Druard soit rendu à la liberté, moyennant telle caution
« que vous voudrez bien fixer.

« Veuillez agréer, etc. »

M. Siaux, accompagné de MM. Jourdan et Mollard, alla remettre cette lettre à M. de Gilardin. Ce magistrat en commença la lecture, et, au nom de Druard, il releva la tête, disant que cette affaire lui était parfaitement connue et qu'il la jugeait très grave. « Un acte de rébellion, dit-il, et dans les temps où nous sommes, par un homme comme M. Druard ; où en serions-nous si tout le monde agissait ainsi. » M. Siaux lui répondit que les faits avaient été exagérés. M. de Gilardin versa la supplique au dossier, et dit à ces messieurs qu'il ne pouvait rien, qu'il n'était pas en son pouvoir de faire élargir mon père, que son affaire serait jugée par une commission militaire.

Ainsi, M. de Gilardin, en face de l'arrestation, dans des conditions iniques, monstrueuses, d'un honnête homme, ne fut pas plus courageux que son substitut de Nantua, le procureur de la République Janson. Ce magistrat qui a occupé les situations les plus élevées dans la magistrature, qui est mort, en 1875, premier président honoraire de la Cour d'appel de Paris, craignit de briser sa carrière. Pour ne pas être suspecté de tiédeur aux yeux de la horde de malfaiteurs publics qui avaient mis la main sur la France, il consentit, quelques semaines après les événements que je raconte, à faire partie de la commission mixte du département du Rhône, en compagnie du préfet de Vincent et du général Mélinet. Il fut l'un de ces magistrats qui associèrent leur robe à la violation des droits les plus sacrés, et qui oublièrent les plus saintes traditions de la magistrature, en rendant des sentences secrètes, sans information préalable, en emprisonnant sans raisons, sans prétextes, sur un soupçon, en appliquant à des délits sans nom des peines inconnues dans le code pénal. « C'est le malheur des temps de réaction politique, dit Achille de Vaulabelle, dans sa remarquable *Histoire des deux Restaurations*, de voir la justice faillir trop souvent à ceux qu'elle devrait protéger. Emportés par la lâcheté commune, ses interprètes, loin de lutter contre les passions dominantes, s'en font, au contraire, les instruments serviles ; leur action, au lieu de se montrer tutélaire, vient en aide à l'arbitraire et à la violence, et le glaive que la loi leur a confié pour défendre le faible contre le puissant, mis par eux au service du parti victorieux et des proscripteurs, ne frappe et n'atteint que les vaincus et les proscrits. » (1)

Les commissions mixtes prononcèrent 14,118 condamnations. La liste, dressée par M. de Maupas, ministre de la police, se décompose ainsi :

Condamnations à Cayenne	239
Condamnations à l'Algérie	9.530
Expulsions du territoire français	1.515
Internements	2.834
Total	14.118

Dans ce chiffre ne sont pas compris les malheureux renvoyés, comme mon père, devant les commissions militaires.

Le lecteur me pardonnera cette digression sur les commissions mixtes, mais il est bon de rappeler sans cesse au souvenir de notre génération républicaine la besogne accomplie par cette tourbe qui, souillée de dettes et de crimes, pour me servir d'une expression célèbre, se rua sur le pouvoir à la suite de Bonaparte.

---

(1) *Histoire des deux Restaurations*, par Achille de Vaulabelle, tome IV, ch. I, période 1815.

Reprenons notre récit.

M. de Gilardin, c'est-à-dire la justice régulière, s'effaçant devant l'autorité militaire, la toge s'aplatissant devant l'épée, ne voulant rien entendre, ma famille s'adressa au général de Castellane, gouverneur de Lyon.

Le 29 décembre, le général de Castellanne envoya directement au lieutenant de gendarmerie de Nantua, à l'insu du procureur de la République, l'ordre de transférer M. Boysset à Lyon. M. Boysset partit pour cette ville le lendemain, 31 décembre, par la diligence, sous la conduite de deux gendarmes, et, à son arrivée, il fut enfermé au fort de la Vitriolerie.

On ne pouvait pas voir de prison plus hideuse. Je laisse parler le prisonnier lui-même : « (1) Vous rappelez-vous le Deux-Décembre, ô Lyonnais, écrivait, il y a quelques années, M. Boysset. Tout était morne dans votre active cité ; tout était sombre et sinistre. Les casemates de vos forts étaient gorgées de prisonniers. *Experto crede !* Je vois encore la casemate méridionale de la Vitriolerie, cette longue et vaste caverne, avec ses arceaux écrasés, soutenus par de lourds piliers de pierre. Deux larges soupireaux, ouverts à chaque extrémité, y versaient à perpétuité sur nos têtes un courant d'air glacial. Quatre lampes sépulcrales étaient suspendues aux voûtes de ce tombeau, éclairant de leurs lueurs blafardes des visages ravagés. L'humidité coulait en gouttelettes froides le long des murailles. Quatre cents citoyens étaient là entassés sur une paille brisée, dont la poussière pénétrait au fond des poitrines.

Tout était répugnant et fétide. L'atmosphère était empestée.

---

(1) *Progrès de Saône-et-Loire*, numéro du 1er juin 1880.

La vermine était souveraine. Et, à côté des baquets fumants où nous étaient servis, dans un liquide répulsif, les fragments de pain noir destinés à la réfection, d'autres baquets, rangés en bon ordre, souillés et méphitiques, offraient aux habitants de cette écurie humaine la possibilité de satisfaire publiquement aux plus immondes nécessités de la vie ! Dans ce hideux sépulcre, l'angoisse et le râle étaient en permanence parmi les victimes amoncelées. Et Lyon tout entier, et la France tout entière avaient été ainsi pris à la gorge. »

Le représentant du peuple Boysset resta dans cette prison du 1er au 9 janvier, c'est-à-dire jusqu'au jour où parut au *Moniteur* le décret qui expulsait du territoire français, de celui de l'Algérie et de celui des colonies, pour cause de sûreté générale, les anciens représentants à l'Assemblée législative, dont voici les noms :

Edmond Valentin, Paul Racouchot, Agricol Perdiguier, Eugène Cholat, Louis Latrade, Michel Renaud, Joseph Benoît (du Rhône), Joseph Burgard, Jean Colfavru, Joseph Faure (du Rhône), Pierre-Charles Gambon, Charles Lagrange, Martin Nadaud, Barthélemy Terrier, Victor Hugo, Cassal, Signard, Viguier, Charrassin, Bandsept, Savoye, Joly, Combier, Boysset, Duché, Ennery, Guilgot, Hochstuhl, Michot-Boutet, Baune, Bertholon, Schœlcher, de Flotte, Joigneaux, Laboulaye, Bruys, Esquiros, Madier-Montjau, Noël Parfait, Émile Péan, Pelletier, Raspail, Théodore Bac, Bancel, Belin (Drôme), Besse, Bourzat, Brives, Chavoix, Dulac, Dupont (de Bussac), Gaston Dussoubs, Guiter, Lafon, Lamarque, Pierre Lefranc, Jules Leroux, Francisque Maigne, Malardier, Mathieu (de la Drôme), Millotte, Roselli-Mollet, Charras, Saint-Ferréol, Sommier, Testelin (Nord).

L'article 2 de ce décret portait : « dans le cas où l'un de

ces individus rentrerait sur les territoires qui lui sont interdits, il pourra être déporté, par mesure de sûreté générale ».

Bonaparte aimait mieux voir en exil qu'en France ces hommes courageux, dont la présence constituait un danger permanent pour son pouvoir. Le maire de Belleydoux, en arrêtant M. Boysset, avait donc gêné le gouvernement, au lieu de le servir.

M. Boysset se réfugia à Genève, où il resta jusqu'au 22 janvier. A cette époque, il partit pour Nice, où Mme Boysset et ses enfants le rejoignirent.

Mon père, quelques jours après que M. Boysset fût parti de Nantua, fut aussi transféré à Lyon et incarcéré dans la prison de Roanne. Il n'y fut guère plus heureux que son ami, au fort de la Vitriolerie. M. Madier-Montjau m'a raconté un fait qu'un compagnon de détention de mon père a rapporté à l'honorable député de la Drôme : « Afin de taquiner Druard, m'a dit M. Madier, on le réveillait au milieu de la nuit, pour l'interroger ».

Les habitants d'Oyonnax firent le possible et l'impossible pour que leur compatriote fût mis en liberté provisoire sous caution.

Le 12 janvier 1852, le maire, les adjoints, le conseiller général du canton, le conseiller d'arrondissement, les conseillers municipaux, les habitants les plus honorables de la ville d'Oyonnax envoyèrent cette pétition à l'autorité militaire :

« Monsieur Félix Druard est détenu sous la prévention d'injures adressées à un magistrat municipal, à l'occasion de ses fonctions ; conformément à l'article 114 du code d'instruction criminelle, le prévenu a demandé sa mise en liberté provisoire sous caution.

Ses compatriotes appuient cette demande par les considérations suivantes :

M. Druard, possesseur d'une grande fortune, est un
homme bien connu de nous pour sa moralité et son amour de
l'ordre. Il jouit de l'estime méritée de tous les habitants de
sa commune.

Il est propriétaire d'une importante tourbière. La tourbe est
l'unique combustible employé pour la fabrication des peignes,
industrie qui occupe la presque totalité de la population
d'Oyonnax.

La détention de M. Druard, en faisant cesser les relations
nécessaires et de tous les jours qui existaient entre lui et les
fabricants peut nuire à l'industrie d'Oyonnax.

Dans la saison rigoureuse, on le vit toujours distribuer aux
nécessiteux des secours de toutes sortes, et notamment en
combustibles. Son emprisonnement le met dans l'impossibilité
de faire ses bonnes œuvres habituelles.

Il est une autre considération que, comme nous, messieurs,
vous jugerez d'un grand poids.

Mme Druard, déjà mère de trois enfants en bas âge, se
trouve dans le dernier mois d'une grossesse nouvelle ; la
détention préventive de son mari, plus longue qu'elle ne le
supposait, peut aggraver sa position.

Nous venons donc, messieurs, vous supplier d'accueillir
favorablement la demande de M. Druard et d'ordonner sa
mise en liberté sous caution.

Oyonnax, le 12 janvier 1852.

Ont signé :

Lacour, maire ; Delacour, 1er adjoint et conseiller d'arrondissement ; Tacon fils, ancien maire d'Oyonnax et ancien
membre du Conseil général de l'Ain ; Colletta, archiprêtre ;

Patrice Odobet, conseiller municipal ; Goyffon, conseiller municipal ; Paul Lacour ; Guillet ; Bolley, conseiller municipal ; Retornaz, conseiller municipal ; Colletta, conseiller municipal ; Victor Goyffon, fabricant ; Delacour, conseiller municipal ; Passerat, notaire ; Darmet-Verdet, conseiller municipal ; Mercier-Jacob, fabricant ; Chanal père ; Billoud-Maire, fabricant ; Victor Chanal, fabricant ; Michaud, sous-lieutenant des pompiers ; Guichon, notaire ; Bonaz fils, fabricant ; Bonaz (Paul), fabricant ; Bornet ; Maissiat aîné ; Maissiat cadet, fabricant ; Bollé, conseiller municipal, fabricant ; Poncet ; Mermet (Joseph), fabricant ; Verdet. »

« Les soussignés, dans la crainte que les opinions politiques de M. Druard n'aient été mal interprétées, déclarent et certifient qu'il a toujours combattu avec énergie les clubs, les sociétés secrètes, les idées socialistes et même les *banquets* politiques auxquels il n'a jamais voulu assister ; que, dans le sein du conseil municipal, dont il fait partie, il a toujours soutenu les mesures d'ordre et de sécurité publique. En conséquence, les maire, adjoint et membres du conseil municipal d'Oyonnax ont signé de nouveau. »

(Suivent les signatures.)

Les habitants de Geovresset, où M. Druard possédait la plus grande partie de sa fortune immobilière, voulurent aussi participer à la bonne action des habitants d'Oyonnax. Le maire, l'adjoint et les conseillers municipaux de cette commune mirent aussi leurs noms au bas de cette pétition.

Ont signé, en effet, Bardet (Edouard), maire ; Neyron, Robin, Guichon, Montange, Barrier ; *Illisible ;* Favre, curé de Geovresset.

Les pétitionnaires avaient fait allusion aux banquets politiques auxquels mon père n'avait jamais voulu assister.

Il avait écrit, à la date du 18 novembre 1847, à M. Guigard, qui était l'organisateur de ces banquets dans la région du Rhône, une lettre qui fait bien voir que mon père n'était pas un révolutionnaire, comme on voulait le faire croire.

« Il faut vous le dire, écrivait-il à M. Guigard, avec toute la franchise et l'indépendance qui doivent caractériser un ami sincère du progrès et de la liberté, ces banquets soi-disant réformistes sont composés d'éléments hétérogènes. On y émet un pêle-mêle d'opinions diverses qui, mises au jour dans un moment où les têtes sont échauffées par les fumées du vin ou bien par l'exaltation d'un libéralisme mal entendu, ne peuvent être ni discutées librement ni approuvées sans restriction. Aussi, qu'arrive-t-il? Après s'être réunis avec l'intention de marcher ensemble, vers un but commun, on se trouve plus éloignés que jamais les uns des autres ; nos ennemis tirent parti de nos divisions, interprètent à leur manière nos actions, nos paroles, jusqu'à nos pensées, s'en font des armes redoutables et nous enlèvent ainsi l'espoir même des améliorations et des réformes, qu'avec un peu plus de sagacité et de savoir-faire nous eussions enlevées au gouvernement à la session prochaine.

« Reportez-vous en arrière et voyez si, depuis 1830, toutes les démonstrations en ce genre n'ont pas tourné à notre confusion. Aujourd'hui, le gouvernement est trop fort pour qu'il n'en soit pas encore ainsi ; seulement, il évoquera des dangers imaginaires, les rangs de ses fidèles se resserreront et tout nous sera refusé, jusqu'à la moindre réduction de l'impôt sur le sel. Il y aura bien loin de là à l'obtention d'une réforme électorale. »

Un semblable langage, dans cette lettre écrite à la veille de la Révolution du 24 février, n'était certainement pas d'un homme aux opinions exagérées, d'un socialiste, d'un rouge, comme on voulait le faire croire, d'un anarchiste, comme on dirait aujourd'hui ! Mon père ne croyait même pas au succès de la réforme électorale, dont se contentait alors l'opinion libérale, à l'adjonction des capacités, et était bien loin de s'attendre au fait, peut-être le plus important de notre histoire contemporaine, l'avénement du suffrage universel.

Toutefois, la lecture de cette lettre ne fut pas inutile à l'avocat, lorsque son client comparut à la barre de la commission militaire qui le jugea. Mais avant cette comparution, ma famille fit démarches sur démarches pour que le détenu fut mis en liberté provisoire. La démarche tentée auprès du général de Castellane n'aboutit pas. On frappa à une autre porte. M. Jolyet, notaire à Pierre-de-Bresse, beau-frère de mon père, était cousin du maréchal Vaillant, qui était alors très influent. M. Jolyet écrivit à son parent, qui promit de *faire ce qu'il pourrait* en faveur du prévenu. Le maréchal Vaillant recommanda, en effet, sérieusement mon père à M. de Castellane.

La commission militaire devant laquelle il comparut, dans le courant de la première semaine de février 1852, était présidée par le lieutenant-colonel Ulrich. C'est cet officier qui, devenu général plus tard, commanda la place de Strasbourg, lorsque cette malheureuse cité fut livrée à l'Allemagne, pendant la guerre de 1870.

M⁰ Humblot plaida avec habileté. Voici les considérations qu'il développa :

Il fit valoir :

1° L'émotion si légitime qu'avait provoquée dans l'esprit de

M. Druard le récit fait par M. Boysset, à la caserne de gendarmerie d'Oyonnax, des circonstances de son arrestation ; l'étrangeté des procédés dont on avait usé à son égard, et cela, sans que le maire, au cours de cette relation, opposât le moindre démenti ;

2° L'affection de son client pour M. Boysset, qu'il avait connu enfant, et dont le père avait été un de ses bons et de ses fidèles amis ;

3° La conduite extraordinaire du maire de Belleydoux ; lequel s'était entendu avec son oncle, le guide Pilliard, pour livrer le représentant de Saône-et-Loire, ou bien qui avait profité de la confidence que lui avait faite cet oncle, sous le sceau du secret, pour procéder lui-même à l'arrestation de Boysset après lui avoir dit : Soyez sans crainte, je suis un des vôtres, je suis un ami, vous pouvez être aussi tranquille ici que chez vous ; qui, après cette trahison, pousse l'inhumanité jusqu'à laisser injurier son prisonnier par plusieurs individus, le laisse sans feu et sans aliments jusqu'à neuf heures du soir, dans une grande chambre de la maison commune, où il voulait lui faire passer la nuit sur une chaise ;

4° Une prison de quarante-deux jours, qui avait tenu le prévenu éloigné de ses affaires restées en souffrance, de ses trois petits enfants, de leur mère enceinte et sur le point d'accoucher ;

5° La maladie grave et presque mortelle du père de M. Druard, maladie causée par la triste nouvelle de l'arrestation de son fils ;

6° La douceur et la bonté de caractère bien connues de son client, qui empêchent de supposer qu'il ait été capable de proférer publiquement des outrages à l'égard de qui que ce soit, et, à plus forte raison, à l'égard d'un magistrat municipal ;

7º La modération des opinions politiques du prévenu.

L'avocat discuta la question de savoir si le maire avait été outragé dans l'exercice ou à raison de l'exercice de ses fonctions, si réellement M. Druard, en disant que Perrin avait eu tort d'arrêter M. Boysset, que, s'il avait du cœur, il se repentirait toute sa vie de cette action, car M. Boysset n'était pas un voleur, et qu'en politique il ne fallait pas se déchirer, puisque chacun avait son tour, avait porté atteinte à l'honneur et à la délicatesse du maire et avait effectivement outragé ce magistrat, à raison de l'exercice de ses fonctions.

Mᵉ Humblot, dans un langage élevé, fit justice de la supposition absurde du maire de Belleydoux, lorsqu'il avait imaginé que mon père pourrait avoir l'idée d'incendier sa maison ou de la faire incendier par des hommes payés à cet effet. Il fit ressortir tout l'odieux de cette grotesque et, en même temps, perfide accusation, qui ne tendait à rien moins qu'à présenter son client comme un homme dangereux, capable de la plus basse et de la plus criminelle vengeance, alors que son honnêteté était à l'abri de tout soupçon et qu'il était bienveillant et respecté de tout le monde.

L'officier, qui faisait fonctions de commissaire du gouvernement, constatant l'excellente impression produite par le plaidoyer de Mᵉ Humblot sur l'esprit des juges militaires, interrompait sans cesse l'honorable avocat. Ses interruptions étaient si violentes et si souvent répétées, que le président fut obligé, plusieurs fois, de lui dire de se taire.

Mon père fut acquitté.

Vous concevez la joie de sa famille et de ses nombreux amis, en apprenant cette bonne nouvelle.

Il avait fait quarante-deux jours de prison préventive. Dans cette prison, il avait été confondu avec les criminels de droit

commun, avec les voleurs et avec les assassins. Il avait
souffert, durant ce temps, les tortures morales les plus cruelles,
en pensant à ma malheureuse mère et à ses tout petits enfants
dont il avait été si brusquement séparé. Il ne pouvait savoir,
pendant ces jours de tristesse, comment tout cela finirait et il
craignait d'être transporté à Lambessa, comme tant d'autres
maheureux. C'était le sort qui lui aurait été probablement
réservé, si le maréchal Vaillant ne l'avait pris sous sa
protection toute puissante.

Au cours de cette longue détention, ma mère était, en effet,
plongée dans une désolation profonde ; il essayait de la
consoler comme il pouvait et de lui donner quelque courage. Il
lui écrivait, de la prison de Nantua, de prendre patience et de
tâcher de se résigner « en pensant que sa situation était
encore moins pénible que celle de ces autres mères, chargées
aussi de famille, qui étaient obligées cependant, durant
l'incarcération de leurs maris, de subvenir aux dures nécessités de l'existence, et dont le besoin matériel augmentait
encore la douleur. »

Quand mon père, acquitté, revint à Oyonnax, la population
de ma ville natale qui, dans notre région, a une réputation
de générosité bien méritée, alla au devant de lui, pour
lui témoigner sa sympathie et lui montrer qu'elle avait pris
part à son infortune.

Le 31 mars 1881, la Chambre des députés a voté une loi
relative aux indemnités à accorder aux victimes du coup
d'Etat de 1851.

Mes frères et moi, nous aurions pu demander la réparation
du préjudice que l'incarcération de mon père nous avait causé.
Nous avons préféré ne rien solliciter. On comprendra le

sentiment de réserve qui a dicté notre conduite dans cette circonstance.

Mais ce qui m'a frappé lorsque cette loi réparatrice est venue en discussion devant la Chambre des députés, c'est que les Rouher, les Janvier de la Motte et les autres souteneurs de la dictature impériale n'ont pas osé élever la voix pour défendre la mémoire du maître qu'ils avaient servi. Ils ont senti que la justice demandait quelques secours en faveur des malheureux qui, il y a trente-quatre ans, furent arrachés à leurs familles, expulsés de leur patrie, déportés sur la terre étrangère, les uns pour avoir défendu les lois, les autres parce qu'on les croyait capables de les défendre.

L'indemnité votée a soulagé des misères ; mais a-t-elle rendu la vie à ceux qui sont morts à Cayenne, à Lambessa, à Londres, à New-York, à Genève et sur tous les points du globe ? Rien ne se répare absolument, mais tout s'expie et l'heure de la justice arrive toujours.

Bonaparte, l'auteur responsable de tant de méfaits, ce « hideux boucher du droit », comme l'appelle Victor Hugo, ne possède même pas un coin de terre natale pour sa tombe. La France a appris, comme un simple fait divers, la mort de son fils unique dans les déserts de l'Afrique, et la République, assassinée jadis, comme le Phénix, est ressuscitée de ses cendres, au milieu des douleurs de la Patrie mutilée ; elle est, de nouveau, devenue le gouvernement légal du pays.

Au moment où j'écris, les républicains, victorieux des factions monarchiques, tendent à se fractionner, à se diviser, à former des groupes, à constituer des coteries.

Pour rendre hommage à la vérité, il faut dire que le ministère Ferry, en comblant de faveurs ses amis du premier degré, en voulant s'assurer *per fas et nefas* une majorité dans la Chambre des députés, en s'efforçant de se perpétuer au pouvoir par la réélection de cette majorité, à l'aide de la candidature officielle, en gouvernant à la façon des bonapartistes, n'a pas peu contribué à accentuer cette division funeste. Le Tonkin, arrosé aujourd'hui du sang de plusieurs milliers d'enfants de la France, morts mutilés par les barbares, cette contrée si lointaine, dont la conquête a coûté près de 500 millions, et dont l'occupation aura, longtemps encore, un résultat plus que négatif pour les ressources du budget national, a jeté aussi, dans nos rangs, la discorde.

M. Waldeck-Rousseau, en étant l'exécuteur des volontés des meneurs de l'Union républicaine et, personnellement, avec ses allures autoritaires, plus compréhensibles dans la personne d'un ministre de l'empire que chez un ministre de la République, a fait beaucoup de mal au parti républicain. Pendant son passage de deux années au ministère de l'intérieur, il a expulsé de l'administration du pays les serviteurs les plus dévoués et les plus fermes de la République.

Après sept années de services, pendant lesquelles je me suis toujours efforcé de faire mon devoir, étant secrétaire général de la préfecture de la Côte-d'Or (1re classe personnelle), j'ai été mis en disponibilité sur un rapport de M. Duval, préfet à Dijon, compatriote de M. Waldeck-Rousseau, rapport dans lequel j'étais représenté comme essayant d'organiser un parti où je propageais les idées radicales. Or, l'explication de ce grief, à l'appui duquel on n'a pu invoquer rien de précis, et dont j'affirme la fausseté, parce que je connais la réserve que doit surtout garder un fonctionnaire de l'ordre administratif *dans l'exercice de ses fonctions*, c'est que M. Duval, qui a le caractère ombrageux et peu bienveillant, qui est jaloux, quand il ne le faut pas, de ses attributions, car, en son absence, il me substituait, dans des conditions irrégulières, un conseiller de préfecture pour dépouiller le courrier ministériel, m'a intenté un procès de tendance, et a vu, dans les nombreux amis que je compte dans la Côte-d'Or et à Dijon, où j'ai fait mes études de droit, un parti prédisposé à saper son autorité administrative.

Du reste, dans une lettre que j'ai écrite à M. Allain-Targé, ministre de l'intérieur, l'honorable M. Magnin, sénateur, gouverneur de la Banque de France et président du Conseil général de la Côte-d'Or, a attesté, à l'encontre du Préfet, que je n'avais laissé que de bons souvenirs dans ce département.

Le lecteur voudra bien, en pensant à l'injustice dont j'ai été victime, me pardonner de parler ainsi de ma personne. J'ai été frappé, somme toute, sans motifs plausibles, uniquement parce que je suis le gendre d'un ancien député *indépendant*, aujourd'hui sénateur, qui, lorsqu'il siégeait au Palais-Bourbon, votait pour le ministère Ferry, quand il croyait que ce ministère avait raison, et ne se gênait pas pour voter contre lui, quand, en conscience, il pensait que ce ministère avait tort.

Aujourd'hui que le ministère Ferry a été renversé, il faut faire cesser ces divisions misérables ; il est de l'intérêt supérieur de la République que tous les républicains oublient leurs rancunes et se groupent autour du ministère du 7 avril dernier qui, comme l'indique la déclaration lue aux Chambres, obéira à l'intérieur à « une pensée d'union et de concorde, de concentration libre et naturelle des forces républicaines », et mettra son « honneur à assurer des élections libres, loyales et sincères ». L'union doit donc être, à l'heure présente, plus que jamais notre suprême loi. Nous devons nous montrer unis et forts, nous qui vivons au milieu des nations monarchiques, et qui donnons à la vieille Europe le spectacle d'un peuple se passant de trônes, de rois, de princes et d'aristocratie. Ne nous affaiblissons pas en face de l'étranger et conservons l'espérance intacte au fond de nos âmes, car, après quinze années, la blessure de la Patrie n'est point cicatrisée et son sang coule toujours goutte à goutte par les trous béants de Strasbourg et de Metz.

« Et puisqu'on veut que je vous indique, disait l'honorable président actuel de la Chambre des députés, M. Floquet, dans un remarquable discours, une politique et une attitude, pour nous qui luttons depuis tant d'années pour la vraie République, voici ce que je vous propose : Au-dessus de tous nos programmes d'arrondissements, de groupes, de nuances, au-dessus de nos volontés diverses pour des réformes exclusives, plaçons la liberté qui permet à chacun de lutter pour le droit et pour ce qu'il considère comme les justes, les vraies, les nécessaires réformes.

« Au-dessus de nos divisions intestines, de nos luttes de partis et de nos discussions de sectes, plaçons le patriotisme qui arrête ces divergences au point où elles deviendraient dangereuses pour l'Etat républicain, gardien et défenseur de la nationalité française.

« Et enfin mettons comme dernier terme de notre formule la probité, l'honneur, la loyauté, oui, cette probité qui ne permet jamais que les forces de l'Etat deviennent des sources de profits pour les intérêts particuliers.

« Mettons à l'ordre du jour la liberté, le patriotisme, la probité. Voilà, mes chers concitoyens, une formule bien vieille, bien connue, bien banale, mais c'est, je crois, un programme immuable et nécessaire et qui domine tous les autres. » (1)

Je ne saurais mieux terminer cet opuscule que par ces éloquentes paroles.

HIPPOLYTE DRUARD.

Paris, le 1er mai 1885.

----

(1) Discours prononcé, à Lyon, par M. Floquet, député, au mois de novembre 1881.

www.ingramcontent.com/pod-product-compliance
Lightning Source LLC
Chambersburg PA
CBHW051339060726

47596CB00004B/1695